¿Cuánto sabes del Betis? ISBN 9788411740555 © Fútbol Rocks, 2023

Impresión y editorial: BoD – Books on Demand

info@bod.com.es - www.bod.com.es

Impreso en Alemania – Printed in Germany

¿CUÁNTO SABES

DEL

BETIS?

PASADO Y PRESENTE SE UNEN EN ESTE CUESTIONARIO SOLO APTO PARA VERDADEROS SEGUIDORES DEL BETIS.

DEMUESTRA TUS CONOCIMIENTOS Y APRENDE SOBRE LA HISTORIA DEL EQUIPO CON LA MEJOR AFICIÓN DEL MUNDO.

¿TE ATREVES CON LAS 120 PREGUNTAS? ¡VAMOS A ELLO!

1 ¿PUEDES NOMBRAR 3 APODOS CON LOS QUE SE CONOCE A LOS SEGUIDORES DEL BETIS?

2 ¿DE QUÉ COLOR ERA LA CAMISETA DEL BETIS EN SUS COMIENZOS? ¿AZUL, VERDE O MORADA?

3 ¿QUÉ OCURRIÓ EL 3 DE ABRIL DE 1932?

4 ¿EN QUÉ FECHA FUE FUNDADO EL BETIS?

5 ¿CON QUÉ NOMBRE SE FUNDÓ?

6 ¿CÓMO SE LLAMA EL CAMPO DEL BETIS A DÍA DE HOY?

7 ¿CÓMO SE LLAMABA EL ESTADIO DEL BETIS HASTA EL 1961?

8 ¿Y EN QUÉ AÑO SE INAUGURÓ ESE ESTADIO?

9 ¿A QUIÉN SE CONOCE CON EL APODO DE "SIETE PULMONES" O "CEPILLITO"?

10 ¿EN QUÉ POSICIÓN JUGABA FRANCISCO BIZCOCHO?

11 ¿CUÁL ES LA MÁS ANTIGUA DE TODAS LAS PEÑAS BÉTICAS?

12 ¿CÓMO SE LLAMA EL CANAL DE TELEVISIÓN DEL BETIS?

13 ¿CUÁNTOS JUGADORES HA APORTADO EL REAL BETIS BALOMPIÉ A LA SELECCIÓN ESPAÑOLA? (A FECHA 2022)

14 ¿A QUÉ ENTRENADOR SE LE CONOCÍA CON EL APODO DE "MICK JAGGER DE TRIANA"?

15 EL BETIS ES EL CLUB QUE MÁS VECES HA SUBIDO Y BAJADO A 2ª DIVISIÓN DE LA LIGA ¿VERDADERO O FALSO?

16 ¿CUÁL ES EL FAMOSO LEMA DEL BETIS?

17 EL LEMA DEL BETIS SE DEBE AL PERIODISTA Y DIBUJANTE MARTÍNEZ DE LEÓN, QUE LA PUSO EN BOCA DE SU PERSONAJE LLAMADO...

18 ¿CUÁNTAS PEÑAS TIENE EL BETIS REPARTIDAS POR TODO EL MUNDO? ¿1013, 513 Ó 213?

19 ¿QUIÉN ES EL PRESIDENTE DEL BETIS EN EL 2022?

20 ¿Y CÓMO SE LLAMABA EL PRIMER PRESIDENTE DEL BETIS?

21 ¿DÓNDE NACIÓ JUAN MIGUEL JIMÉNEZ LÓPEZ?

22 ¿CON QUÉ APODO SE CONOCE A JOAQUÍN SÁNCHEZ RODRÍGUEZ?

23 ¿CUÁNTAS TEMPORADAS HA ESTADO EN 2.ª DIVISIÓN EL BETIS? (A 2022)

24 ¿CON QUÉ EQUIPO DEBUTÓ COMO JUGADOR PROFESIONAL CRISTIAN TELLO HERRERA?

"Una cosa es el fútbol y otra el Betis. Si no existiese el fútbol, existiría el Betis."

Pedro Buenaventura

25 EL BETIS ES EL PRIMER CLUB QUE LEVANTÓ LA COPA DEL REY CON ESTA DENOMINACIÓN EN DEMOCRACIA. ¿VERDADERO O FALSO?

26 ¿CUÁL ES LA UBICACIÓN DEL ESTADIO BENITO VILLAMARÍN?

27 EN 2006-07 EL BETIS SE SALVÓ DEL DESCENSO EN LA ÚLTIMA JORNADA TRAS GANAR AL RACING DE SANTANDER. ¿CUÁL FUE EL RESULTADO DE ESE PARTIDO?

28 ¿Y QUÉ ÚNICO JUGADOR MARCÓ PARA EL BETIS EN ESE PARTIDO?

29 EL BETIS GANÓ LA COPA DEL REY DE FÚTBOL 2004-05 ¿EN QUÉ ESTADIO?

30 ¿CÓMO SE CONOCE A PEDRO GONZÁLEZ SÁNCHEZ?

31 ¿Y DÓNDE NACIÓ?

32 ¿EN QUÉ TEMPORADA DEBUTÓ EL BETIS EN PRIMERA DIVISIÓN?

33 ¿DE MANOS DE QUÉ REY RECIBIÓ EL BETIS EL TÍTULO DE REAL?

34 EL BETIS SE HA PROCLAMADO CAMPEÓN DE PRIMERA, SEGUNDA Y TERCERA DIVISIÓN. ¿VERDADERO O FALSO?

35 ¿EN QUÉ AÑO SE ESTABLECIÓ EL UNIFORME VERDI-BLANCO? ¿1911 Ó 1921?

36 ¿EN QUÉ POSICIÓN JUEGA MARC BARTRA?

37 ¿CUÁL ES EL JUGADOR CON MÁS PARTIDOS LIGUEROS? (A FECHA 2022)

38 ¿EN QUÉ AÑO SE FUSIONARON EL BETIS F.C. Y EL SEVILLA BALOMPIÉ?

39 ¿CUÁL FUE EL PRIMER PRESIDENTE DEL REAL BETIS BALOMPIÉ TRAS LA UNIFICACIÓN?

40 ¿CON QUÉ APODO SE CONOCÍA A MANUEL PELLEGRINI?

41 ¿CONTRA QUIÉN Y POR CUÁNTO ES (A FECHA 2022) LA MAYOR GOLEADA A FAVOR DEL BETIS EN CASA?

42 ¿QUIÉN INTERPRETÓ EL HIMNO EN EL CENTENARIO DEL CLUB EL 1 DE ENERO DE 2007?

43 ¿QUÉ SE ELIMINÓ DEL ESCUDO EN 1931 CON MOTIVO DE LA INSTAURACIÓN EN ESPAÑA DE LA 2ª REPÚBLICA?

44 ¿EN QUÉ POSICIÓN JUGABA VICTORIO UNAMUNO?

45 ¿CUÁNTAS VECES FUE INTERNACIONAL CON ESPAÑA RAFAEL GORDILLO? ¿25, 75 Ó 105?

46 ¿DE QUÉ NACIONALIDAD ES ACHILLE EMANÁ?

47 ¿EN QUÉ AÑO CONQUISTÓ EL BETIS SU PRIMERA Y ÚNICA LIGA (A FECHA 2022)?

48 EN ESA OCASIÓN SUPERÓ AL MADRID FOOTBALL CLUB ¿POR CUÁNTOS PUNTOS?

49 EL BETIS CONQUISTÓ SU TERCERA COPA DEL REY DE SU HISTORIA AL IMPONERSE EN PENALTIS AL VALENCIA, ¿CUÁL FUE EL RESULTADO?

50 ¿DÓNDE NACIÓ BENITO VILLAMARÍN?

51 ¿QUIÉN ES EL ENTRENADOR CON MÁS PARTIDOS EN EL CLUB A FECHA 2022?

52 ¿CONTRA QUIÉN Y POR CUÁNTO HA SIDO A FECHA 2022 LA MAYOR GOLEADA EN CONTRA EN CASA?

53 EL 9 DE AGOSTO DE 2007 SE CELEBRÓ EL PARTIDO DEL CENTENARIO ¿INVITANDO A QUÉ EQUIPO A JUGAR?

54 ¿EN QUÉ AÑO RECIBIÓ EL ESTADIO DEL BETIS LA DENOMINACIÓN DE ESTADIO MANUEL RUIZ DE LOPERA?

55 ¿Y EN QUÉ AÑO EL RECINTO RECUPERÓ SU ANTERIOR NOMBRE, ESTADIO BENITO VILLAMARÍN?

56 ¿CÓMO SE LLAMA LA MASCOTA DEL BETIS?

57 ¿FUE JUANITO GUTIÉRREZ CAPITAN DEL BETIS?

58 ¿A QUÉ JUGADOR SE LE APODABA «PERAL»?

59 ¿CUÁL HA SIDO EL PEOR PUESTO EN LA LIGA DEL BETIS?

60 EL CLUB POSEE SU PROPIA REVISTA OFICIAL, ¿CÓMO SE LLAMA LA REVISTA?

"El Betis es mucho más que un equipo, es una familia."

Rafael Gordillo

61 EL BETIS HA GANADO LA MEDALLA DE ORO DE ANDA-LUCÍA. ¿VERDADERO O FALSO?

62 ¿EN QUÉ TEMPORADA LLEGÓ COMO TÉCNICO DEL BETIS QUIQUE SETIÉN?

63 EL 24 DE MAYO DE 2015, SE CONSIGUE EL ASCENSO A PRIMERA DIVISIÓN TRAS IMPONERSE 3-0 ¿A QUÉ EQUIPO?

64 ¿DE QUÉ NACIONALIDAD ES MANUEL PELLEGRINI?

65 ¿EN QUÉ AÑO ABANDONÓ MANUEL RUIZ DE LOPERA LA DIRECCIÓN DEL REAL BETIS?

66 EN EL CENTENARIO 2007 SE LEVANTÓ UN MONUMENTO ¿EN HONOR A?

67 EL BETIS ES EL PRIMER EQUIPO ANDALUZ QUE SE CLASIFICÓ PARA DISPUTAR LA COPA DE EUROPA ¿VERDADERO O FALSO?

68 EN 2009 EL BETIS DESCENDIÓ A SEGUNDA DIVISIÓN, TRAS EL EMPATE EN CASA 1-1 CONTRA ¿QUÉ EQUIPO?

69 EN 1997 EL EQUIPO TRASPASÓ A ROBERTO RÍOS AL ATHLETIC CLUB ¿POR CUÁNTOS MILLONES DE PESETAS?

70 ¿CÓMO SE CONOCÍA TAMBIÉN A HERBERT RICHARD JONES?

71 JOAQUÍN URQUIAGA NUNCA FUE PORTERO DEL BETIS. ¿VERDADERO O FALSO?

72 ¿QUÉ JUGADOR LOGRÓ EL TROFEO PICHICHI DE MÁXIMO GOLEADOR EN LA TEMPORADA 1982-83?

73 QUIQUE SETIEN LOGRÓ CLASIFICAR AL BETIS PARA LA EUROPA LEAGUE AL OBTENER ¿QUÉ PUESTO EN LA LIGA?

74 ¿A QUIÉN SE CONOCE CON EL SOBRENOMBRE DE "RUBI"?

75 ¿CONTRA QUIÉN Y POR CUÁNTO HA SIDO LA MAYOR GOLEADA A FAVOR DEL BETIS FUERA DE CASA? (A 2022)

76 ¿CUÁNTAS VECES HA PARTICIPADO EL BETIS EN LA UEFA EUROPA LEAGUE? (A FECHA 2022)

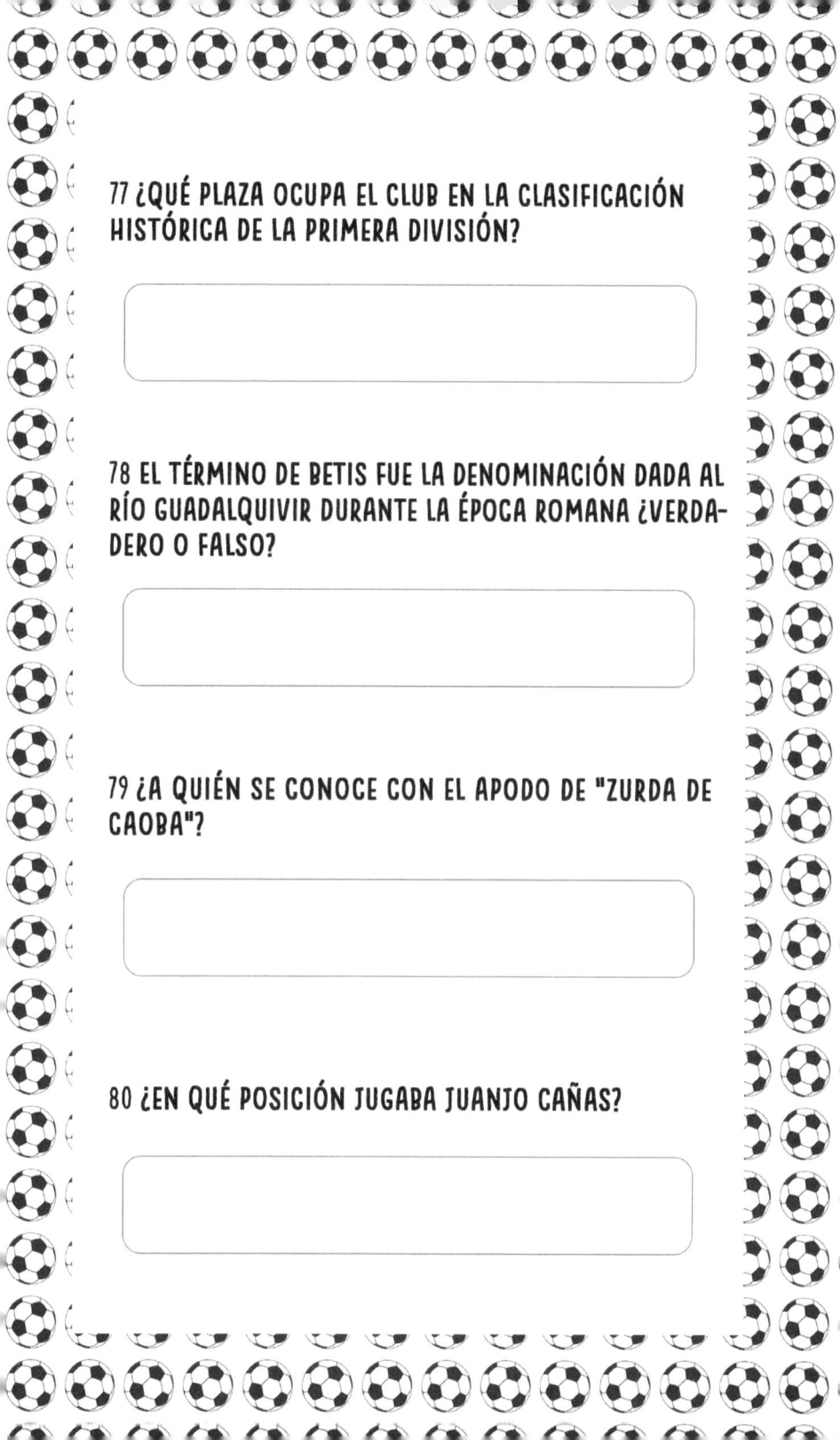

77 ¿QUÉ PLAZA OCUPA EL CLUB EN LA CLASIFICACIÓN HISTÓRICA DE LA PRIMERA DIVISIÓN?

78 EL TÉRMINO DE BETIS FUE LA DENOMINACIÓN DADA AL RÍO GUADALQUIVIR DURANTE LA ÉPOCA ROMANA ¿VERDADERO O FALSO?

79 ¿A QUIÉN SE CONOCE CON EL APODO DE "ZURDA DE CAOBA"?

80 ¿EN QUÉ POSICIÓN JUGABA JUANJO CAÑAS?

"Para ser bético hay que nacer con esa cualidad".

Pedro Buenaventura

81 EL REAL BETIS LOGRÓ EL SEGUNDO TÍTULO COPERO DEL REY DE SU HISTORIA ANTE ¿QUÉ EQUIPO?

82 EL BETIS OFRECE ESA COPA DEL REY ANTE ¿QUÉ IMAGEN RELIGIOSA?

83 ¿CUÁL FUE EL MARCADOR DE ESE PARTIDO?

84 ¿CON QUÉ APODO SE CONOCE A BORJA IGLESIAS?

85 ¿CUÁNTAS VECES HA SIDO EL BETIS CAMPEÓN DE SEGUNDA DIVISIÓN? (A 2022)

86 ¿CUÁL ES EL PRIMER EQUIPO FILIAL DEL CLUB?

87 ¿DÓNDE JUEGA EL REAL BETIS BALOMPIÉ FÉMINAS SUS PARTIDOS LOCALES?

88 ¿CON QUÉ ENTRENADOR GANÓ EL BETIS LA PRIMERA COPA DEL REY?

89 ¿EN QUÉ DOS EMPLAZAMIENTOS CELEBRA SUS TRIUN-FOS LA AFICIÓN BÉTICA?

90 ¿QUIÉN ES EL EXTRANJERO CON MÁS PARTIDOS CON LA CAMISETA VERDIBLANCA? (A FECHA 2022)

91 RUBÉN CASTRO ENCABEZA LA LISTA DE GOLEADORES HISTÓRICOS ¿CUÁNTOS GOLES METIÓ? ¿87, 147 Ó 207?

92 ÁNGEL CUÉLLAR NUNCA FUE INTERNACIONAL POR ESPAÑA. ¿VERDADERO O FALSO?

93 ¿EN QUÉ DOS EQUIPOS ESPAÑOLES JUGÓ FRANCISCO JAVIER LÓPEZ GARCÍA AL ABANDONAR EL BETIS EN 1982?

94 ¿DE QUÉ NACIONALIDAD ES GABRIEL CALDERÓN?

95 EN LA CLASIFICACIÓN DE CLUBES ELABORADA POR LA FEDERACIÓN INTERNACIONAL DE HISTORIA Y ESTADÍSTICA DE FÚTBOL, ¿CUÁL HA SIDO LA MEJOR POSICIÓN HISTÓRICA DEL BETIS?

96 ¿CUÁNTAS VECES HA SIDO EL BETIS CAMPEÓN DE LA COPA DEL REY? (A 2022)

97 ¿EN QUÉ AÑO EL CLUB SE CONVIRTIÓ EN SOCIEDAD ANÓNIMA DEPORTIVA (S.A.D.)? ¿1992 Ó 2002?

98 EN EL ESTADIO BENITO VILLAMARÍN SE JUGÓ EL FAMOSO 12-1 DE ESPAÑA A MALTA QUE CLASIFICÓ A LA SELECCIÓN ESPAÑOLA ¿PARA QUÉ?

99 ¿EN QUÉ AÑO EL BETIS SE CONVIRTIÓ EN EL PRIMER VENCEDOR DE LA COPA DE SEVILLA?

100 ¿Y EN QUÉ EDICIÓN VENCIÓ POR PRIMERA VEZ LA COPA DE ANDALUCÍA?

101 EL BETIS ES EL PRIMER CLUB ANDALUZ EN ASCENDER A LA PRIMERA DIVISIÓN. ¿VERDADERO O FALSO?

102 ¿QUÉ GRUPO MUSICAL DE SEVILLA COMPUSO UN HIMNO DEL BETIS EN 1985?

103 EL PRIMITIVO ESCUDO DEL SEVILLA BALOMPIÉ ESTABA FORMADO POR UN CÍRCULO CON DOS LETRAS ENTRELAZADAS, ¿CUÁLES SON?

104 ¿DE QUÉ NACIONALIDAD ES EL GUARDAMETA CLAUDIO BRAVO?

"El Betis es una historia de amor. Es mi vida".

Joaquín

105 ¿QUÉ DORSAL LUCE CRISTIAN TELLO?

106 ¿CUÁNTAS VECES HA PARTICIPADO EL BETIS EN COPA DE LA UEFA?

107 FRANCISCO GONZÁLEZ "PAQUIRRI" HA JUGADO EN LAS TRES DIVISIONES CON EL EQUIPO VERDIBLANCO. ¿VERDADERO O FALSO?

108 ¿CONTRA QUÉ EQUIPO PERDIÓ EL BETIS LA SUPERCOPA DE ESPAÑA 2005?

109 EL HIMNO DEL CENTENARIO FUE COMPUESTO EN 2006 POR EL CANTANTE SEVILLANO RAFAEL SERNA, ¿QUÉ TÍTULO LLEVA ESE HIMNO?

110 EN LAS BODAS DE PLATA EL 6 DE ENERO SE DISPUTA UN PARTIDO AMISTOSO ¿CONTRA QUÉ EQUIPO?

111 ¿Y CUÁL FUE EL RESULTADO DE ESE ENCUENTRO?

112 ¿CUÁNTAS BARRAS DE COLOR VERDE Y BLANCO TIENE EL ESCUDO DEL BETIS?

113 ¿DE QUÉ NACIONALIDAD ES YASSIN FEKIR?

114 ¿EN QUÉ ESTADIO SE CELEBRÓ LA FINAL DE LA COPA DEL REY 1976-77 QUE TUVO LUGAR EL 25 DE JUNIO DE 1977?

115 ¿CONTRA QUÉ EQUIPO SE ENFRENTÓ EL BETIS EN ESA OCASIÓN?

116 ¿QUÉ JUGADOR METIÓ LOS DOS GOLES PARA EL BETIS?

117 EL DÍA 15 DE JUNIO SE CELEBRÓ UNA MANIFESTACIÓN CONTRA LA SITUACIÓN DEL EQUIPO Y PIDIENDO LA MARCHA DEL MÁXIMO ACCIONISTA ¿CUÁL ERA EL LEMA DE ESA MANIFESTACIÓN?

118 ¿EN QUÉ EQUIPO SE RETIRÓ RAFAEL GORDILLO?

119 ¿QUÉ CAPACIDAD TIENE EL ESTADIO BENITO VILLAMARÍN? ¿45.721, 60.721 Ó 80.721?

120 ¿QUÉ ES "COMO BALAS DE CAÑÓN"?

SOLUCIONES:

1: BÉTICOS, VERDIBLANCOS, HELIOPOLITANOS, VERDERONES.

2: AZUL (O CELESTE).

3: QUE SE PROCLAMÓ CAMPEÓN DE LA SEGUNDA DIVISIÓN.

4: 12 DE SEPTIEMBRE DE 1907.

5: ESPAÑA BALOMPIÉ.

6: BENITO VILLAMARÍN.

7: ESTADIO DE HELIÓPOLIS.

8: EN 1929.

9: A LUIS DEL SOL.

10: DEFENSA.

11: LA "PUERTA DE LA CARNE".

12: BETIS TV.

13: 23.

14: FRANCISCO CHAPARRO JARA.

15: VERDADERO.

16: "VIVA ER BETIS MANQUEPIERDA".

17: OSELITO.

18: 513.

19: ÁNGEL HARO.

20: ALFONSO DEL CASTILLO OCHOA.

21: MÁLAGA.

22: EL PISHA.

23: 28.

24: CON EL CONJUNTO FILIAL DEL R. C. D. ESPANYOL.

25: VERDADERO.

26: AV. DE HELIÓPOLIS, S/N.

27: 0-2.

28: EDU.

29: EL VICENTE CALDERÓN.

30: TIMIMI.

31: EN LAS PALMAS DE GRAN CANARIA.

32: 1932-1933.

33: ALFONSO XIII.

34: VERDADERO.

35: 1911.

36: DEFENSA.

37: JOSÉ RAMÓN ESNAOLA.

38: 1914.

39: HERBERT RICHARD JONES.

40: "EL INGENIERO".

41: REAL BETIS 7-0 REAL ZARAGOZA (1ªDIVISIÓN 1958-59).

42: RAFAEL SERNA.

43: LA CORONA.

44: DELANTERO.

45: 75.

46: CAMERUNESA.

47: 1935.

48: UN PUNTO.

49: 5-4.

50: ORENSE.

51: LORENZO SERRA FERRER.

52: REAL BETIS 0-5 REAL MADRID (1ª DIVISIÓN 1960-61).

53: AC MILAN.

54: 2000.

55: 2010.

56: PALMERÍN.

57: SÍ.

58: A JOSÉ SUÁREZ GONZÁLEZ.

59: EL 20.º

60: TRECE BARRAS.

61: VERDADERO.

62: 2017-18 .

63: A LA AGRUPACIÓN DEPORTIVA ALCORCÓN.

64: CHILENA.

65: EN 2010.

66: LA AFICIÓN.

67: VERDADERO.

68: EL REAL VALLADOLID.

69: 2000.

70: PAPÁ JONES.

71: FALSO.

72: POLI RINCÓN.

73: SEXTO.

74: A JOAN FRANCESC FERRER.

75: RACING DE SANTANDER 0-5 REAL BETIS (1ª DIV. 1934-35.)

76: 4.

77: LA NOVENA.

78: VERDADERO.

79: A ROGELIO SOSA RAMÍREZ.

80: MEDIOCAMPISTA.

81: EL C. A. OSASUNA.

82: LA IMAGEN DE JESÚS DEL GRAN PODER DE SEVILLA.

83: 2-1 .

84: EL PANDA.

85: 7 VECES.

86: EL BETIS DEPORTIVO BALOMPIÉ (BETIS DEPORTIVO).

87: EN LA CIUDAD DEPORTIVA LUIS DEL SOL.

88: RAFAEL IRIONDO.

89: EN PLAZA NUEVA O EN LA AVENIDA DE LA PALMERA DE SE-VILLA.

90: DENÍLSON DE OLIVEIRA.

91: 147.

92: FALSO.

93: EN EL MALLORCA Y EL GRANADA.

94: ARGENTINA.

95: LA 20ª.

96: TRES.

97: 1992.

98: LA FASE FINAL DE LA EUROCOPA 1984 DE FRANCIA.

99: 1910.

100: 1928.

101: VERDADERO.

102: CANTORES DE HÍSPALIS.

103: "S" Y "B".

104: CHILENA.

105: EL 11.

106: 6.

107: VERDADERO.

108: FC BARCELONA.

109: "AL FINAL DE LA PALMERA".

110: EL ATHLETIC CLUB DE BILBAO.

111: EL BETIS VENCIÓ POR 2-1.

112: 13.

113: FRANCESA.

114: EN EL ESTADIO VICENTE CALDERÓN DE MADRID.

115: CONTRA EL ATHLETIC CLUB.

116: JAVIER LÓPEZ GARCÍA.

117: "POR TU DIGNIDAD Y TU FUTURO, YO VOY BETIS".

118: ÉCIJA BALOMPIÉ.

119: 60.721.

120: UN HIMNO DEL BETIS.

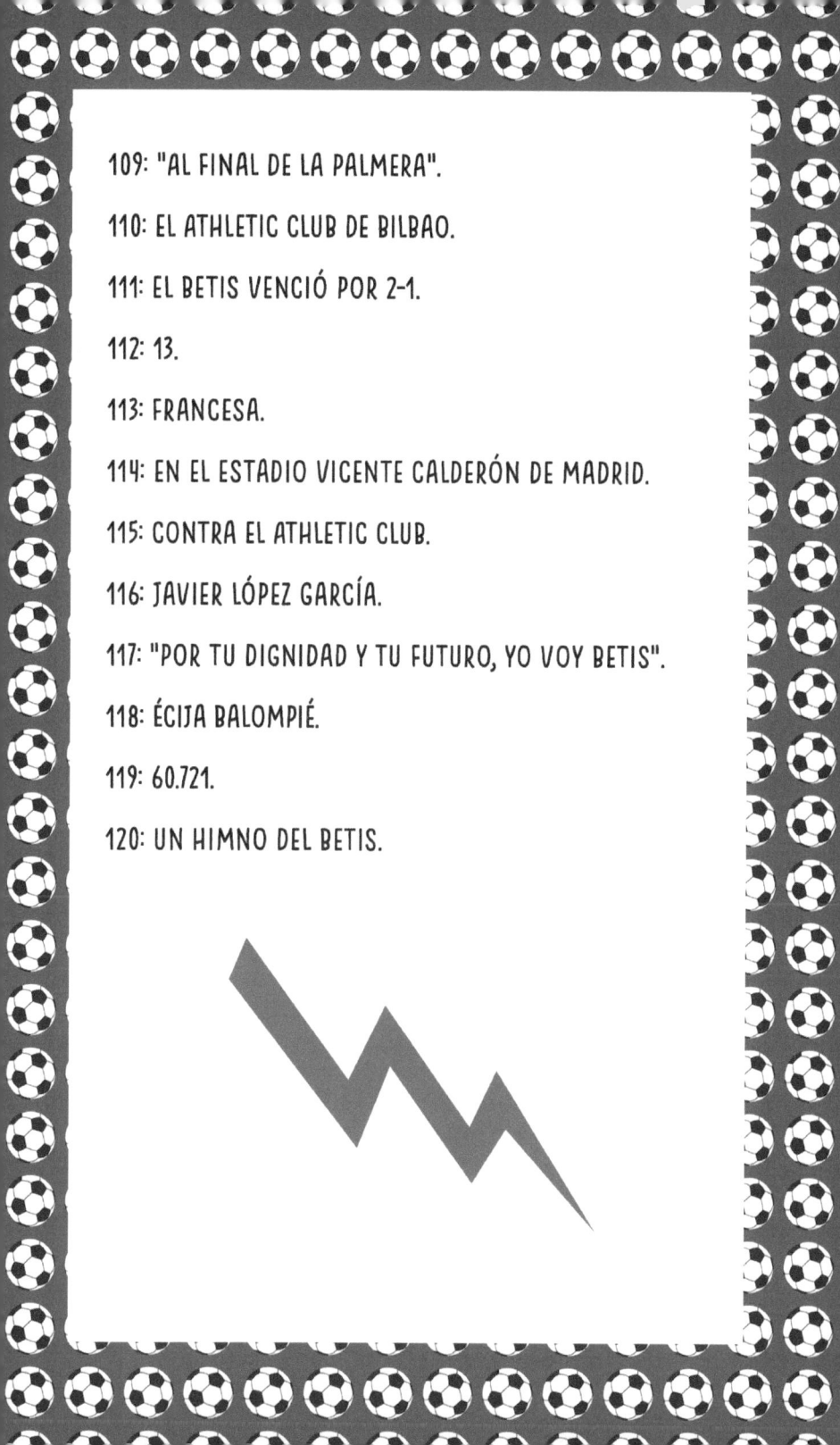

RESPUESTAS ACERTADAS:

JUGADOR 1:

JUGADOR 2:

JUGADOR 3:

JUGADOR 4:

JUGADOR 5:

JUGADOR 6:

"Si os fallan o flaquean las fuerzas, mírense el escudo, no hay nada más bonito en el mundo".

José Juan Romero

¿CUÁNTO SABES DEL BETIS?